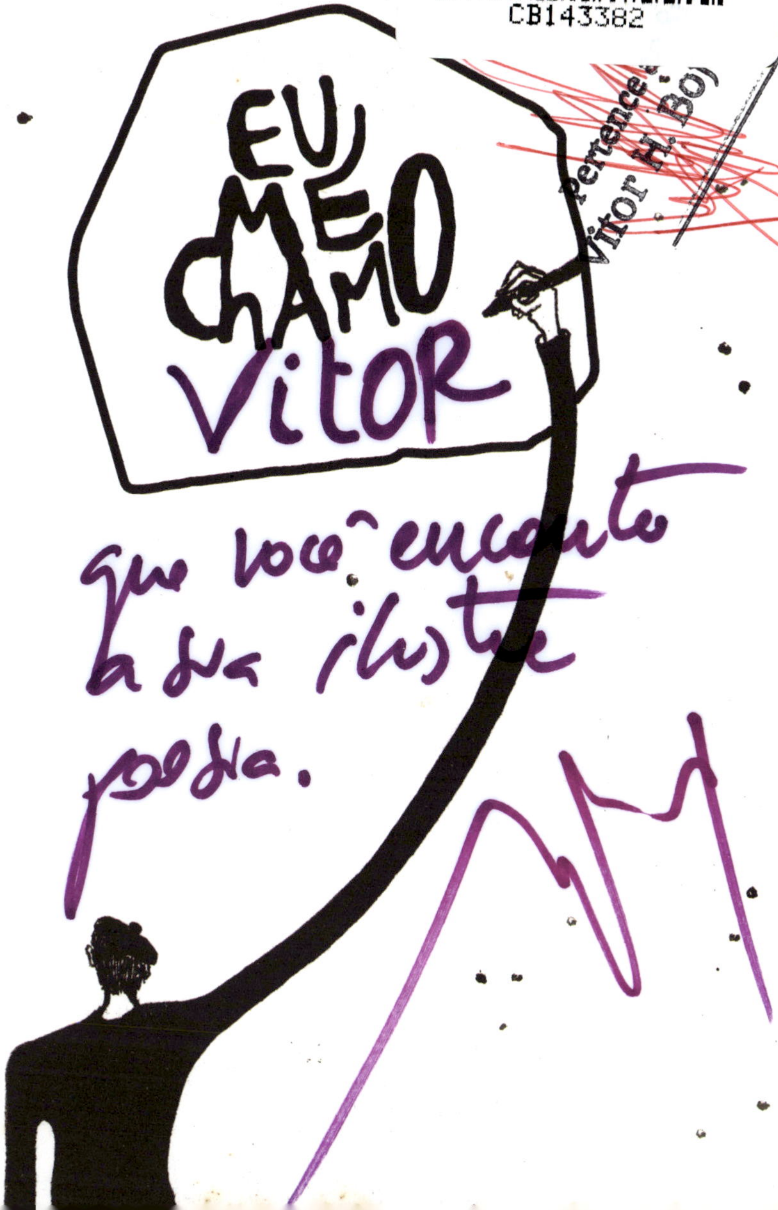

que você encontre a sua ilustre poesia.

Ilustre Poesia

Eu me chamo Antônio

Pedro Gabriel

intrínseca

EU NASCI
NO
BAR

E NA
DO MEU

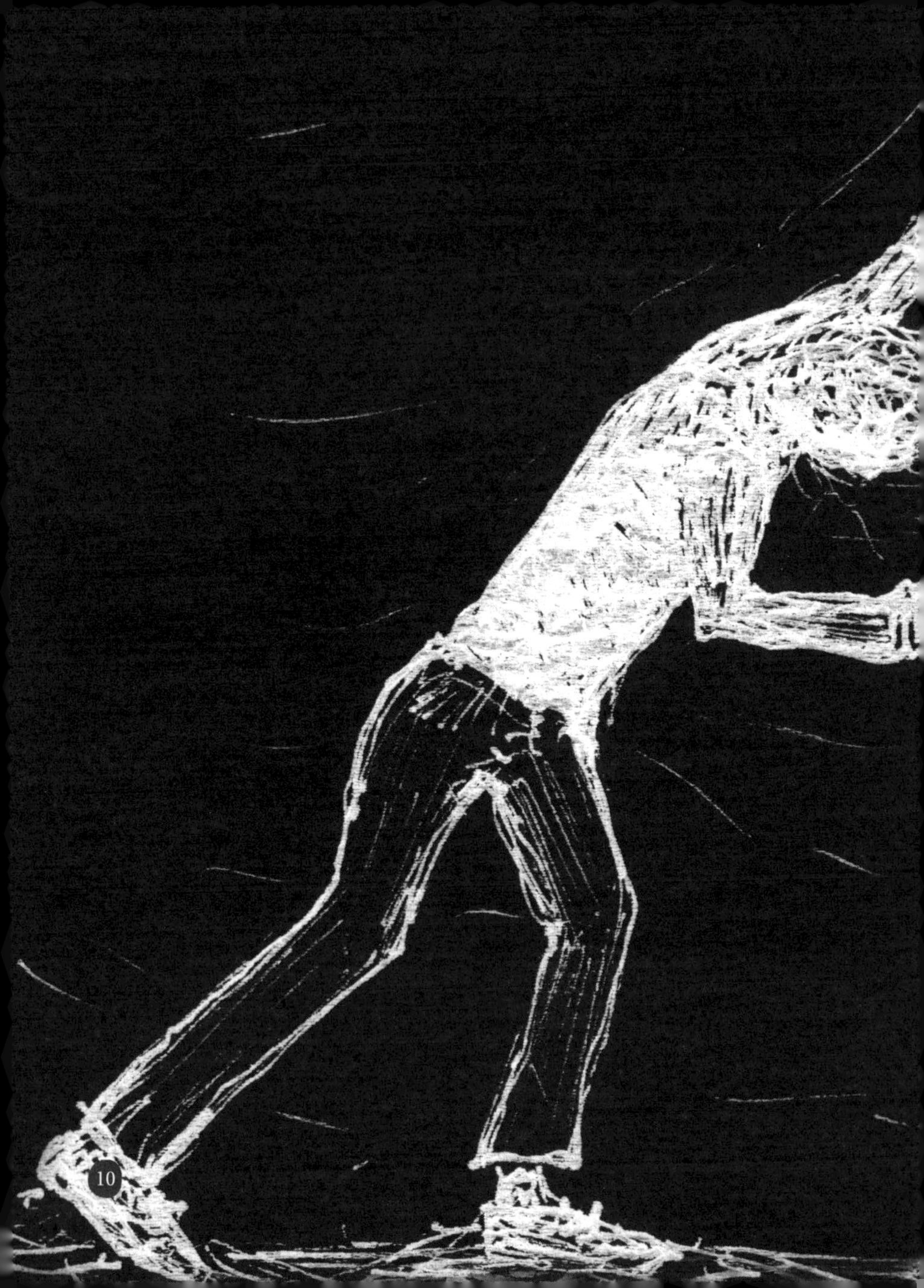

PRESO
NESTE GUARDANAPO
EM BRANCO
ME TORNEI
LIVRE
PRA ENTORNAR
O QUE
SOU

DESENHO PALAVRAS TÃO SIMPLES

DE COMPLICADO
JÁ BASTA
O QUE PASSOU

FALO
TAMBÉM
DE CORAGEM
E RANCOR

É TÃO FÚTIL SÓ FALAR DE AMOR

EU ME CHAMO ANTÔNIO

BEBO
PRA ESQUECER
MEUS
POEMA

E TAMBÉM
LEMBRAR
UM GRANDE
AMOR

BEIJOS
SEUS
BUSCO
EU

AOS
BERROS
NOS
BECOS

ESPERO
SEUS
ERROS

O TEMPO

QUE

FOR

EU ME CHAMO ANTÔNIO

NÃO TENHO
NADA
A
TEMER

EU JÁ
QUEBREI
A MINHA
TIMIDEZ

ENCONTREI
FIRMAMENTO
NO SONHO
DE QUEM
SÓ ME FEZ

RÊVER

Eu me chamo
Antônio
e não me faço
perguntas

ME DESFAÇO
NA SOMBRA
DE UM GRAFITE
SEM PONTA

APONTO
MEU
RUMO
e de LÁ ME
APRUMO

EU
NÃO
TRAÇO
O DESTINO
É ELE QUEM
TRAZ.

sentido
delito
alívio
conflito
vazio
início

SAUDADE
AMOR
TEMPOS
DOR
CHEIO
FINAL

no verso,

Susxisto.

À ESPERA DE UMA COLISÃO

Há coisas que simplesmente não podemos ver a olho nu, Antônio. O nosso Universo, por exemplo, é composto de 95% de matéria desconhecida. Dentro dele, existem bilhões de galáxias, milhões de estrelas e milhares de planetas. Dentro dele, flutuam asteroides e meteoros e uma quantidade imensurável de partículas e átomos. Os outros 5% são descobertas das quais temos consciência. É tudo o que conseguimos observar até então. Para algumas pessoas, o olho só veste o que vê até certo limite: até a última nuvem: até a última faixa de azul: até o último pássaro. Como se tudo ficasse contido ali. Como se não houvesse nada além. Como se o mundo delas terminasse naquela nuvem, naquele azul, naquele pássaro. O que elas veem é o fim. Mas há também as pessoas que ousam imaginar. Aquelas que usam a sensibilidade — a parte mais potente do nosso universo interior —

para exteriorizar a beleza dos acontecimentos mais simples. Elas sabem que a última nuvem pode ser o primeiro verso de um poema, que a última faixa de azul pode dar início a uma cor ainda desconhecida, que o último pássaro pode ser o prelúdio da palavra *liberdade*. O que elas veem é o começo. Por isso é fundamental sonhar. Por isso é necessário usar os olhos da imaginação, interagir com a inconsciência e dialogar com o inexplicável. Quem acredita só no que vê não dá espaço para a sua ilustre poesia.

Antigamente, o Universo era apenas uma tênue faixa de luz aos olhos da humanidade. Sua composição desafiava as mentes mais curiosas. Mas a precariedade tecnológica não facilitava o desdobramento de novas descobertas. Passamos tanto tempo estudando o que não conseguimos enxergar que, às vezes, nos esquecemos de explorar os mistérios existentes dentro de nós.

O incompreensível sempre nos assustou. É preciso coragem para encarar o mundo. A coragem são os olhos do medo. É o que não nos deixa recuar. É o que nos faz avançar sem tecnologia, com o coração. Quando perdemos o medo, parece que o coração ganha pés e passa a andar por nós, decidido. Já descobrimos tantas verdades, e a nossa maior descoberta continua sendo a certeza de que ainda estamos no começo. Continue. Desistir não está na sua constelação, Antônio. Continue.

QUANDO ESCREVO
ANOITECE
EM MIM

O POETA É
UM TREMENDO
FILHO
DA
LUA

A gente precisa se espelhar nas galáxias, Antônio. Elas se espalham, interagem e colidem diariamente há milhões de anos. Após a colisão, recompõem-se. Após o choque, reestruturam-se. O céu passa a ser então testemunha de uma espécie de baile cósmico. Dessa dança, nascem todas as mudanças do Universo. Elas precisam encontrar um novo encaixe. E elas encontram porque sabem que há lugar para todas elas no infinito. Cada uma ocupa o seu espaço sem invadir o espaço da outra. Cada uma conhece a sua grandeza e reconhece a luminosidade da outra. Elas brilham intensamente porque sabem que o seu brilho não seria o mesmo sem o brilho da outra. A gente precisa se espelhar nas galáxias, Antônio.

Uma estrela pode até se isolar por um período em algum canto do infinito, mas ainda assim estará conectada à energia que une todos nós. Essa energia pode ser o amor. Porém, talvez exista algo muito maior que ainda desconhecemos. Somos todos um só organismo. Nunca estamos sozinhos. Às vezes, como resultado de colisões um pouco mais sensíveis, nos vemos menos próximos uns dos outros. Contudo, lembre-se: é apenas o nosso universo interior — a nossa sensibilidade — se recompondo. Também estamos nos reestruturando. Também estamos à procura de um novo encaixe. Estar longe — e permanecer ligado por uma mesma energia — não é ser distante. É ser saudade, Antônio. É ser saudade. Feito as estrelas, também estamos em estado permanente de saudade... À espera de uma nova colisão.

EU
ME
CHAMO
ANTÔNIO

SEM gravidade,
OCUPAMOS
O MESMO
ESPAÇO

EU SOU,
TU ÉS, NÓS
SONHOS.

VOCÊ É REALMENTE UM SONHO

SEMPRE TERMINA NA MELHOR PARTE

VOCÊ ME É
TÃO INÚTIL
QUANTO
O AR

Dizem que as estrelas nascem de colapsos. Quando elas se esbarram na imensidão de duas galáxias distraídas, deixam lesões invisíveis no corpo do espaço. Depois de milhões de anos de gestação, essas feridas se cicatrizam em uma nova força — descomunal — e o mundo pode, finalmente, dar à luz uma nova estrela, bem viva: *bem-vinda*!

Suspeito que a poesia também tenha nascido de uma colisão. De um encontro potente e inesperado de dois sentidos distraídos. No céu poético, a galáxia é o poema; as estrelas são as palavras; os planetas, os versos; os asteroides, as sílabas; e o átomo é a letra. O restante é pontuação. A Lua, por exemplo, pode ser uma vírgula, um acento agudo, grave, circunflexo ou um ponto-final, dependendo de sua fase. Ou da frase. Uma estrela cadente é

um ponto de exclamação luminoso. Geralmente, essa estrela é usada quando o poeta deseja dar voz a um grito abafado ou iluminar um sentimento apagado. Um poema é uma cicatriz, Antônio. Um poema é uma cicatriz...

No mundo dos sentidos, um soneto é composto por catorze planetas. *Silêncio* é uma palavra de oito átomos. *Esperança* tem quatro asteroides. *Sinto saudade* tem duas estrelas (e tantas verdades!). Já o verso livre, potente que só, contém o Universo inteiro na sua solidão. Ele comprime a confusão de todos os sentimentos na sua aparente simplicidade.

A NOITE SÓ CAI QUANDO SE LEVANTA

O diá
logo
se põe

POR CULPA DA
PALAVRA
O SILÊNCIO
ME
CONDENOU...

O Sol é a nossa estrela mais próxima, afirmam os cientistas. Nós somos a nossa estrela mais próxima, escrevem os poetas.

Essa fonte inesgotável de luz e calor passou a ser uma estrela banal para a humanidade. Não a valorizamos porque a vemos todos os dias. Ninguém mais se encanta com sua grandeza. O costume faz a intensidade das coisas diminuir. Nós somos assim. Acostumar-se virou sinônimo de ignorar. Deveria ser o contrário, Antônio. Acostumar-se deveria ser encantar-se mais e mais e mais e mais e mais. Muitos de nós encaramos o outro como o Sol: uma potência vital, mas fácil de encontrar pelo mundo. Sua importância pode ficar para depois. Afinal, só engrandecemos o que não temos. Só admiramos o que tememos. Só enaltecemos o que nos falta. Um dia, sentiremos falta do Sol. Um dia, sentiremos falta do outro.

Precisamos da
chuva para
lembrar
que
não
estamos
sós

Não espere a chuva
passar. Ela pode
levar a sua
CORAGEM

ENTRETANTO,
ENTRE TANTOS,
ESCOLHI O SEU
PRANTO PARA
SECAR

quando a saudade
se desprende
das NUVENS
por que tu
NÃO VENS
me abrigar?

gota

gota

lágrima

se

gota

a
a
também
es

até

uma

queda

pode

ser

livre

queda,
o
que
dá
ascensão

Os astrônomos podem medir o brilho de uma estrela usando um fotômetro instalado em um telescópio. Com essa informação, e sabendo a distância que os separa dela, eles podem calcular sua luminosidade. Ou seja, a quantidade de energia que ela emite. São esses mesmos fatores que definem o nosso encanto. Os poetas podem mensurar a intensidade de alguém usando apenas um olhar atento acoplado a uma alma sensível. Com essa observação, e sabendo a distância entre esse alguém e os próprios sonhos, eles podem versificar sua bondade. Ou seja, a quantidade de delicadeza que dela emana, Antônio.

Silencio

A FALA
está
FORA
DE SI
LÊNCIO

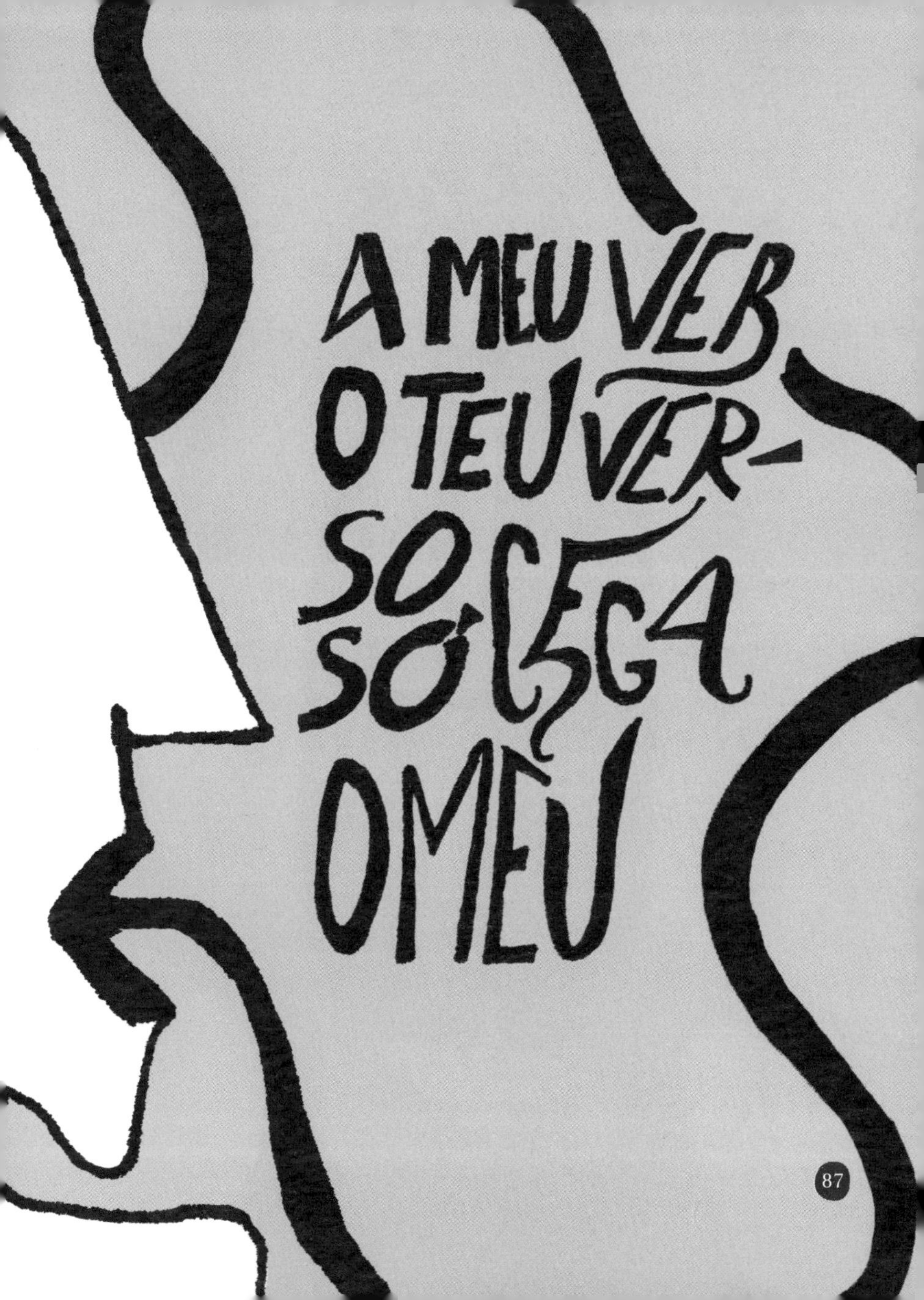
A MEU VER
O TEU VER-
SO
SÓ ÇEGA
O MEU

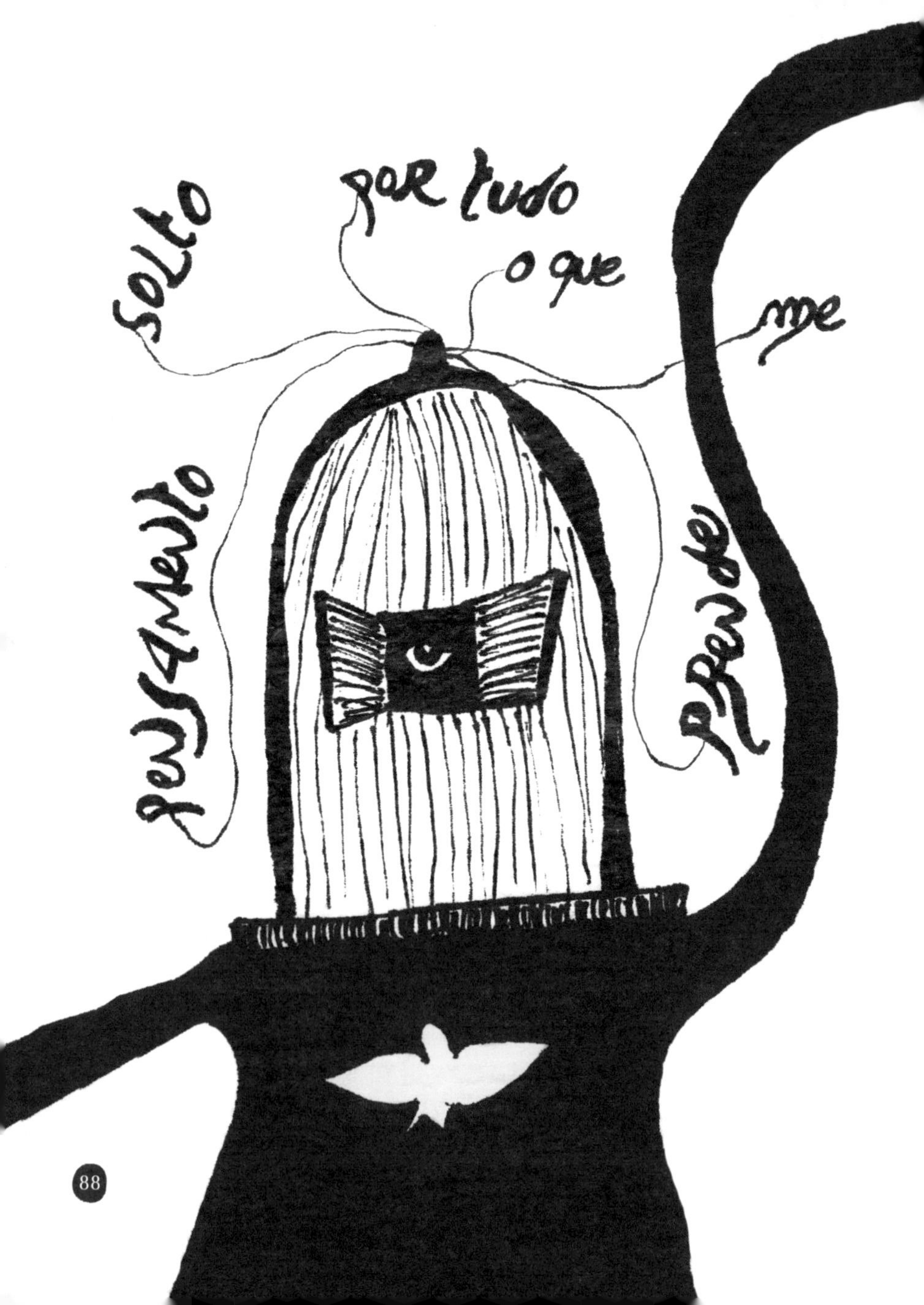
solto
por tudo
o que
me
prende
pensamento

Quem contempla o espaço tenta, na verdade, decifrar um poema que ainda não existe. Um poema que ainda espera a sua imaginação para poder realmente existir. Um poema que ainda espera os seus olhos para poder ser lido. Um poema que ainda espera as suas mãos para poder ser escrito. Escrever nada mais é do que juntar estrelas. É preciso mudar a nossa forma de enxergar o mundo. É preciso encarar o céu com a certeza de que cada estrela é uma palavra dentro de um imenso dicionário invisível ao olho humano.

Precisamos dos olhos da poesia. Precisamos mais do que nunca dos poetas. São eles que têm o poder de editar os astros. São eles que conseguem unir os versos necessários para despertar o universo adormecido dentro de nós. São eles que detêm uma fórmula mais eficaz para encaixar os asteroides — sílabas — e, assim, formar novas palavras — estrelas — para que a humanidade consiga definir novos sentidos ou redefinir sentimentos antigos. Sentimentos que, no momento, estão mudos. Estamos incapazes de sentir.

Alguns estudos apontam que as galáxias estão se afastando de nós. Isso indica que estamos também perdendo um pouco da nossa delicadeza, da nossa sensibilidade, da nossa luz. Enfim, da nossa poesia. Somos pequenos, Antônio. Muito pequenos. Nossa massa não foi feita para aguentar tanto abandono. Nosso físico não foi estruturado para proteger tanto amor. Nosso organismo não foi programado para suportar tanta saudade. E nós sabemos que os poetas sentem mais. Para aguentar o abandono, para proteger o amor e para suportar a saudade, eles se desdobram no corpo
do próprio poema.

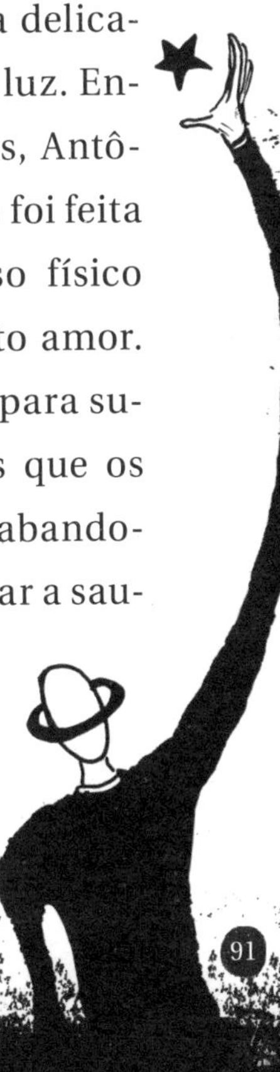

ALGUNS
ESPAÇOS
SEPARAM
PALAVRAS

OUTROS VERSOS

É assim que o Universo se expande.
É assim que a poesia acontece, Antônio.

IMENSIDÃO
VASTO
INFINITO
MAR
ONDA

A FORÇA DE UM NÓ FRÁGIL

Mais de 70% do nosso planeta é coberto por mar, Antônio. Ainda assim, insistimos em denominar o lugar em que vivemos de Terra. Historicamente, temos a necessidade de definir o que somos a partir do que nos dá segurança. Sempre valorizamos o que nos conforta, o que nos acomoda, o que nos fortalece. Nunca revelamos o nosso desconforto, o nosso incômodo, a nossa fraqueza. Prefiro me apresentar pelo que me assusta. Só consigo me conhecer a fundo quando abandono de vez a minha superfície. Só consigo me equilibrar no mundo quando reconheço que sou o dono dos meus confrontos. Por isso, antes de começar um verso, deveríamos nos perguntar qual é o nosso maior medo.

Não tenho dúvidas de que os poetas passam a vida inteira à procura da melhor palavra ou do melhor silêncio para mascarar essa resposta. Por isso a página em branco nos causa tanto espanto. Sabemos que em breve todos os nossos medos estarão impressos — para sempre — naquele espaço ainda inexplorado. Sabemos que não somos bravos o suficiente para suportar todas as letras da palavra *coragem*. Acredito que a poesia existe justamente para transcrever ou tentar descobrir, com uma linguagem própria,

um desconforto; descrever ou tentar encontrar, de forma livre ou metrificada, um incômodo; escrever ou tentar desenhar, com a força do traço, uma fraqueza. Só assim o corpo do poema terá, de fato, uma alma.

A superfície é a pele do mar. Ela esconde todos os seus mistérios. O que ele sente. O que ele abandona. O que ele afoga. O que ele afaga. Dentro dela, há uma potência adormecida, que espera o menor sinal de mudança — um vento desesperado, uma corrente inesperada, uma nova fase da Lua — para fazer emergir seu furor descomunal. Essa pele líquida também guarda coisas que nunca descobriremos. Tenho a mais absoluta certeza de que esse é o principal motivo pelo qual o mar nos deixa tão hipnotizados. Contemplar o movimento das ondas talvez seja o jeito mais poético de aceitar a beleza do desconhecido. Afinal, como uma força tão transparente consegue manchar de dúvidas todas as nossas certezas? O que não dominamos sempre acaba nos dominando.

Nossa pele também esconde nossas profundezas. Para os menos delicados, ela age simplesmente como a primeira linha de blindagem do nosso físico. Ela é apenas um limite. Um órgão como qualquer outro do nosso corpo. Pessoas indelicadas não entendem os nossos mistérios. Elas só sentem por fora.

Liberdade?

AMOR
O QUE
DIGO

AMAR
O QUE
SINTO

um dia
teremos
um
lar

Você quer demorar comigo?

Tudo é raso
a gente

quando
não vai

às vezes,
a gente <u>encontra</u>
o AMOR-PRÓPRIO

NO PRÓPRIO
AMOR
DO OUTRO

toda alma

almeja

atracar

em um

corpo seguro

O amor
tem sido
temido

e tem
ido

e tem ido
e tem ido
e tem
ido
temido

O caos
precisa
de
cais

QUANDO CAIS,
O MAR
TE ESPALHA

Quando a gente
que está

se toca
distante

Quando nos
do que

distanciamos
nos toca

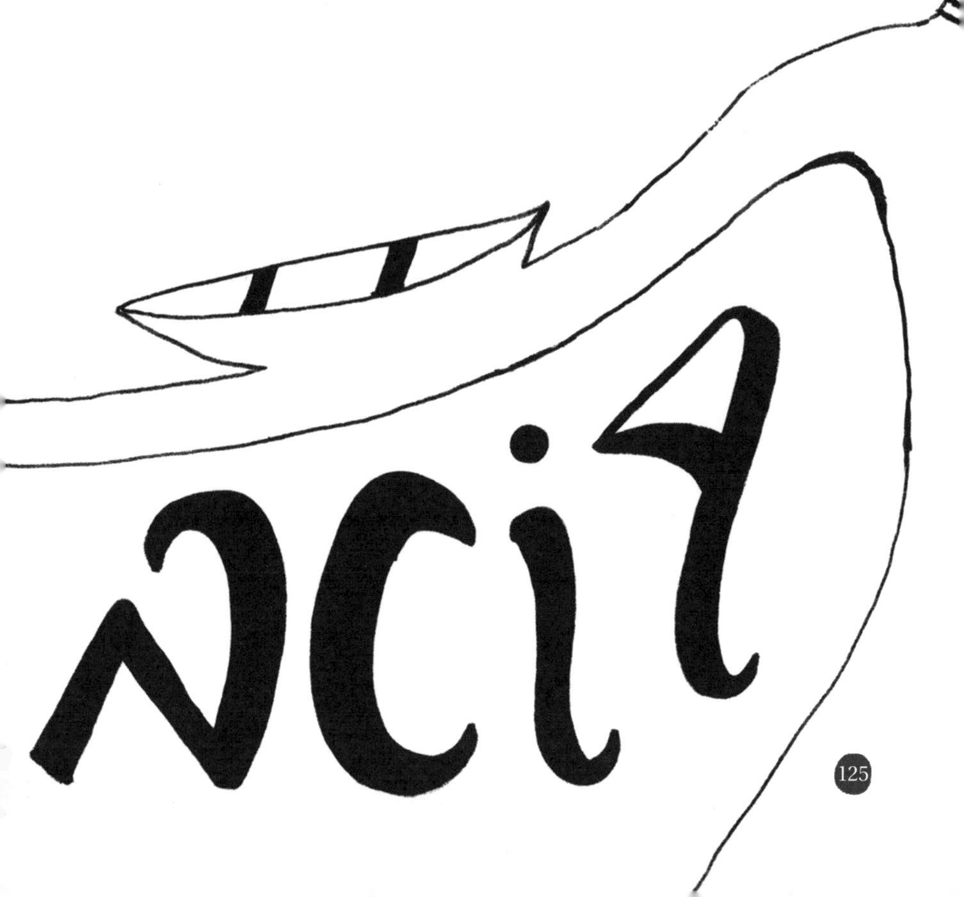

Para muitos, existem cinco oceanos em nosso planeta. A poesia discorda. Ela acredita que, se cada pessoa tem a capacidade de fazer transbordar seus sentidos, o mundo deveria ter, além dos seus grandes mares, mais 7 bilhões de pequenos oceanos. Tenha paciência. O amor é o único sentimento que nunca chega. Ele já está em nós — imenso e manso. O amor sempre emerge do fundo do nosso mar. Seu único esforço é romper a nossa superfície para deixar aflorar o que temos de mais belo e intenso. Tenha paciência, Antônio. Um dia, ele nos afagará.

O céu é mesmo um privilegiado. Só ele pode ter o mar como um imenso caderno de bolso. Uma espécie de bloco de notas infinito. A cada onda, uma nova página. A linha do horizonte é a sua dobra. Arrancar uma folha é naufragar. Queria poder ler suas anotações. Será que o céu também guarda segredos? As tristezas da Lua? As desilusões do Sol? A culpa das estrelas? Será que ele também escreve palavras bonitas, mas, por timidez, só as declama no silêncio do seu mundo? Azar o nosso que o som não se propaga no espaço. Receberíamos conforto todos os dias. O céu seria um grande poeta.

AFOGA

se a saudade bater,
a melhor defesa é
atracá-la de
volta.

semti

SUA FALTA,
ME
EXCEDE

Para os mais sensíveis, a pele representa a última camada de proteção antes que a nossa sensibilidade entre em contato com o mundo. Ela é uma espécie de extensão física da alma. Um órgão sensorial como poucos do nosso corpo. A poesia nasceu para que a gente aprendesse a canalizar os sentimentos. Para ultrapassá-la, precisamos da arte: escrever, desenhar, fotografar, atuar, amar (sim, amar é a obra-prima do sentir).

Pessoas sensíveis aceitam os nossos mistérios. Elas também sentem por dentro. Quando não conseguimos mais conter o que sentimos, a poesia nos faz transbordar. Quando choramos, revelamos que não cabemos mais em nós. Lágrima é excesso de saudade. Quando contamos histórias estamos, no fundo, admitindo que não nos contemos mais. Criar é exceder-se. Palavra é excesso de silêncio. A poesia é o que nos permite abandonar o corpo por alguns momentos e provar eternamente que também somos alma. Alma e mistério, Antônio.

Mais de 70% do nosso físico é composto por água. As pessoas deveriam mergulhar mais vezes dentro de si para entender as marés que se manifestam constantemente por baixo dessa fina camada de pele — a nossa superfície. Nosso corpo é uma espécie de

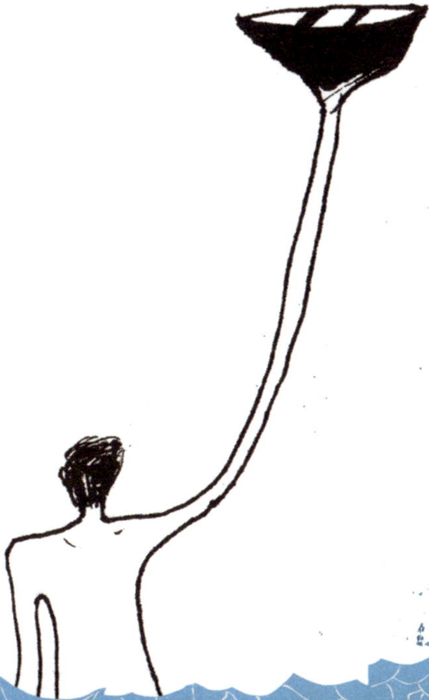

pequeno oceano ainda inexplorado. Insistimos em querer conhecer apenas o que não está ao nosso alcance. Insistimos em querer explorar somente o que nos é distante. Já conseguimos pisar na Lua, mas nem sequer fomos capazes de caminhar pelas ruas que se formam nas linhas de nossas mãos. Parece que temos medo de nos aproximar definitivamente daquilo que somos. Parece que nos falta coragem para nos encontrarmos permanentemente conosco. Ainda não estamos prontos para esse tão brutal enfrentamento. Quando a maré sobe, choramos. Para a maré baixar novamente, engolimos as lágrimas. Amar é um pouco isto: equilibrar marés. Entender que devemos enfrentar incontroláveis tsunamis — quando as primeiras paixões decidem se apossar da nossa lucidez —, mas, principalmente, ter a consciência de que também existem intermináveis calmarias — quando o amor resolve, atraca no porto do nosso peito.

Poucos percebem, mas há um cais em cada um de nós. Ele fica bem perto do nosso órgão mais instável. Um simples aperto e já perdemos o rumo. E ele se fixa onde as correntes são mais fortes, onde as certezas são tão frágeis, onde a ressaca é mais assustadora. O coração é um espaço que não é nem chegada nem partida; que não se despede nem dá boas-vindas; que vive à espera de qualquer regresso e se desespera com qualquer adeus. Um interlúdio antes da saudade. Uma pausa durante o desassossego. Um descanso após o caos. Ele não escolhe seus visitantes: acolhe todo e qualquer sentimento à deriva.

Às vezes, penso que as nossas emoções são embarcações que singram em busca de um lugar que não as faça mais sangrar. E, ali, jogam suas âncoras e permanecem até um novo naufrágio. Todas estão só de passagem. As que se arriscam a ficar por mais tempo são as que ousam enfrentar as tempestades. As que têm a certeza de que a bonança virá. E ela sempre vem, Antônio. A bonança sempre vem. As pequenas paixões — frouxas — evaporam. Os grandes amores — firmes — ancoram.

Quem não conhece o mar tem a mais absoluta convicção de que ele é somente uma interminável camada superficial de água. Inexpressiva. Mansa. Adormecida. Porém, os que se arriscam a ir um pouco mais fundo ou os que, simplesmente, se permitem encostar um pé na água descobrem que essa camada cobre um mundo expressivo, poderoso, profundo. Que desperta a mais bonita sensação humana: a necessidade de fazer poesia. Que aproxima e distancia nossas fraquezas com a mesma força. Que abriga, em si, incontáveis mistérios.

Que nos obriga, assim, a aceitar que há mais coisas do que aquelas que podemos ver em sua superfície.

É preciso mergulhar no que a gente acredita. É preciso entender que, ao olhar o horizonte, podemos ver muito além dos barcos ou dos saltos dos golfinhos. É preciso ter a sensibilidade para acreditar que as ondas que se partem são ondas que chegam para se despedir. Por isso elas quebram. São sentimentos que não conseguimos mais preencher e que, no lugar de morrer na praia, se afogam em nosso peito. A despedida é um sentimento que dificilmente se conserta. Para quem nunca mergulhou, o mar será sempre essa imensa superfície móvel e silenciosa. Bom mergulho, Antônio. Bom mergulho!

Você já tocou o mar, Antônio? Parece uma imensa página líquida. Onde, imediatamente, tudo se apaga. Onde, definitivamente, nada é permanente. Onde, portanto, toda criação efêmera soa fascinante. O que é breve nos dá uma dimensão de infinito. Os poetas mais ousados já abandonaram o papel faz tempo. Agora, usam o curso das águas para reviver suas angústias. Agora, aproveitam-se das marés — altas ou baixas — para apaziguar seus conflitos, grandes ou pequenos. Agora, apossam-se da imensidão dos oceanos para dar vazão à palavra *liberdade*. O desejo de ser livre é o que nos ancora. É o que nos ancora. Agora... Agora...

Quem risca essa página transparente — sem entender a sua sensibilidade — se arrisca a nada encontrar. É uma frustração tremenda. Nossas mãos não foram projetadas para interagir com o que não conseguimos tocar. Queremos o físico. Só acreditamos no que vemos. Queremos o tátil.

Só cremos no que tocamos. Queremos ler imediatamente o que criamos, mas, ali, nas entrelinhas das águas, a ideia publicada é logo apagada por uma borracha inquieta e cíclica — a dança das ondas. É preciso ter plena consciência de que é impossível marcar o mar com uma pena, um pincel ou a ponta dos dedos.

É preciso escrever com a tinta invisível da memória. É preciso deixar que o tinteiro da nossa alma pingue suas gotas sensíveis exaustivamente nas gotas cristalinas do oceano ainda em branco. Até se esgotarem. Até se esgotarem. Até se esgotarem. Um verso pode afundar em um piscar de olhos. Uma onda, sem avisar, pode arrastar para longe aquilo que nos aproximava da poesia. Uma corrente um pouco mais agitada pode levar, sem pestanejar, o sossego de um romance. A força da palavra está justamente neste instante frágil: quando tudo pode se romper, sumir ou escapar a qualquer momento. Você quer fugir, Antônio?

num
mundo
doente

toda
poesia
é

BEM VIDA

amor

ponto seguro

de um

nó frágil

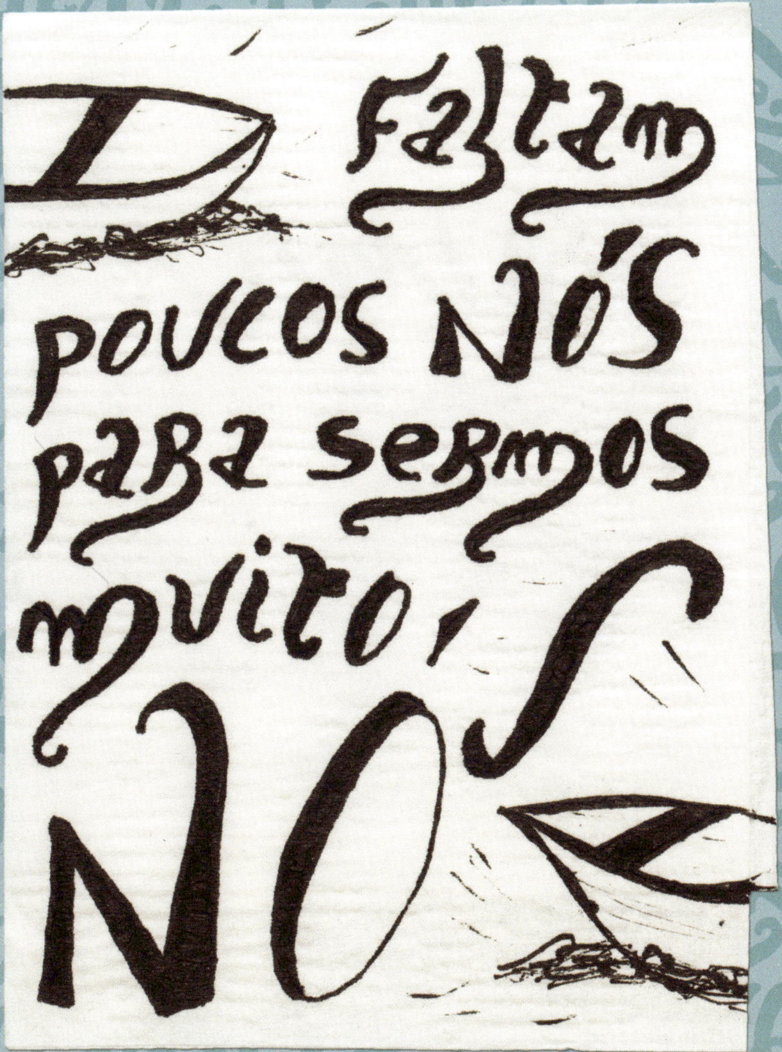
faltam
poucos nós
para sermos
muito,
NÓS

SUMIU:

se uniu ao esquecimento

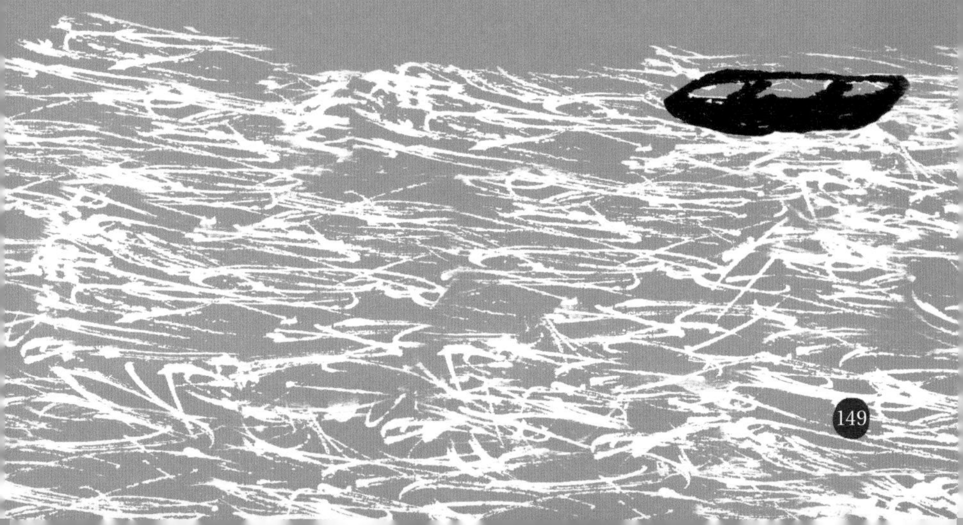

amores
vãos
precisam
ir

amores

sãos

precisam

vir

EU ME CHAMO ANTÔNIO

sou

PERCO

semtido

quamdo meu

CORAÇÃO

VAI

semtimdo a sua

VOLTA.

Às vezes tenho a impressão
de que o céu me faz lembrar
e o mar me faz esquecer.

INVERNO
REVERTE EM ZERO
TEMPO
SILÊNCIO

ETERNOPBOMAPER

PALAVRA

TIMIDEZ

POESIA

O DESTINO DAS PALAVRAS

ESCRITOS
são
EX-GRITOS

essas
palavras
ao vento
um dia
estavam
aqui
dentro.

O que o vento
leva,
eu reinvento
de
VOLTA

18
PRO TEU COLO
PROTOCOLO
PARA FICAR

silêncio
afoga
a
fala

AFAGA
o silêncio

Achei que os seus
olhos fossem
GRANDES

MAS A
GRANDEZA
ESTAVA
NO AMOR
QUE EU
ENXERGAVA
NELES

AS COISAS SÃO NA
ILUSÃO

POR
DENTRO,
A GENTE
FORA
FELIZ

fui feliz
sem precisar
voltar

o silêncio
é danado
só
chega
quando
vai
embora

Silêncio

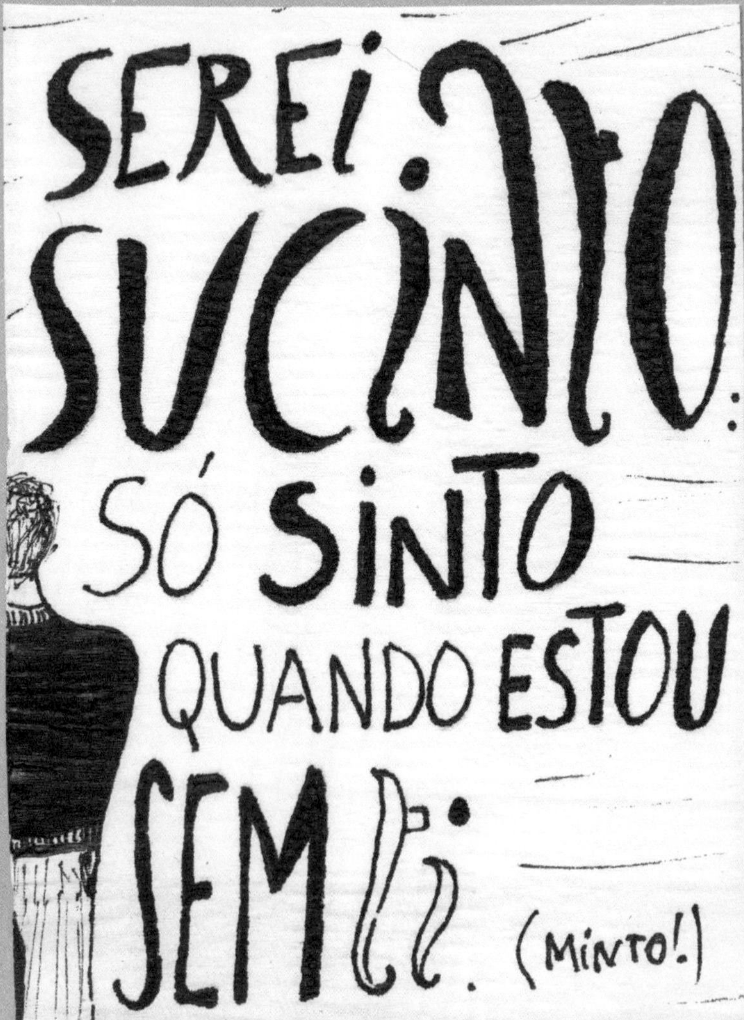
SEREI SUCINTO:
SÓ SINTO
QUANDO ESTOU
SEM TI.
(MINTO!)

SE ME LAR-
-GAR, FAREI ALGO
SIMILAR.

ESTIMULADO

POR NÃO

ESTAR MAIS AO LAD

SEU

ESTIMO O LADO

DE LÁ

COMO SENDO

O MEU

ESTIMULADO

POR NÃO

ESTAR MAIS AO LADO

SEU

ESTIMO O LADO

DE LÁ

COMO SENDO

O MEU

O caminho
do outro
não precisa ser
um outro
caminho.

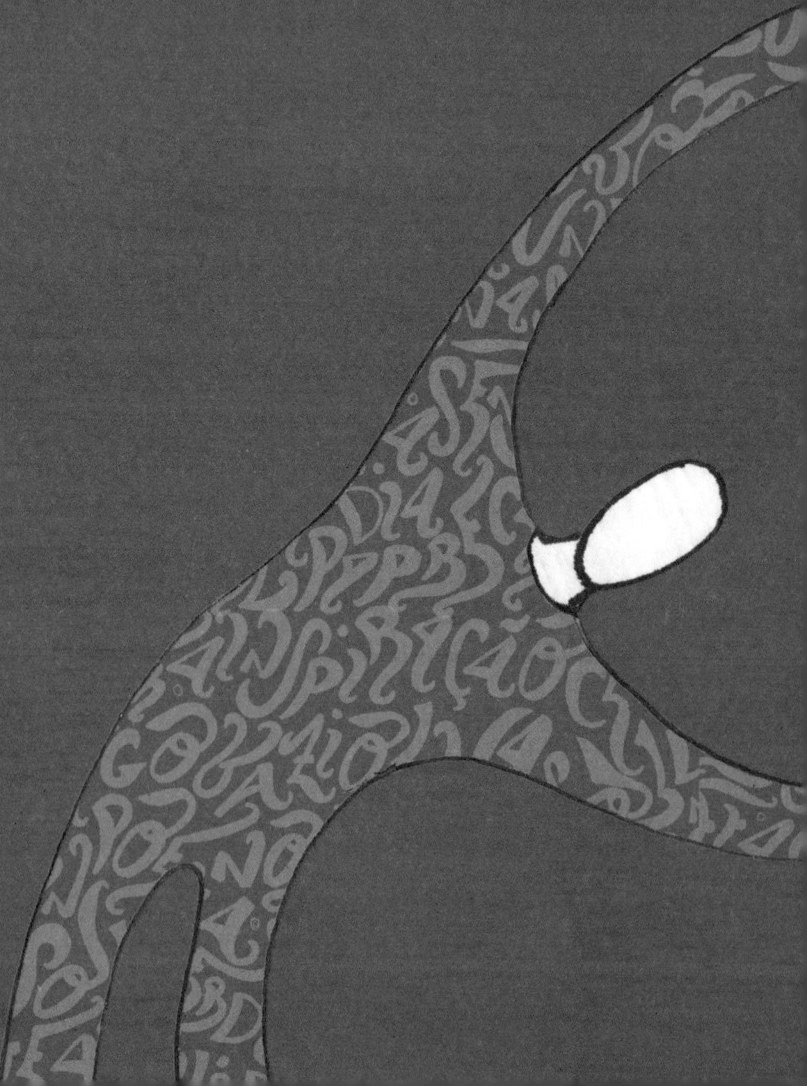

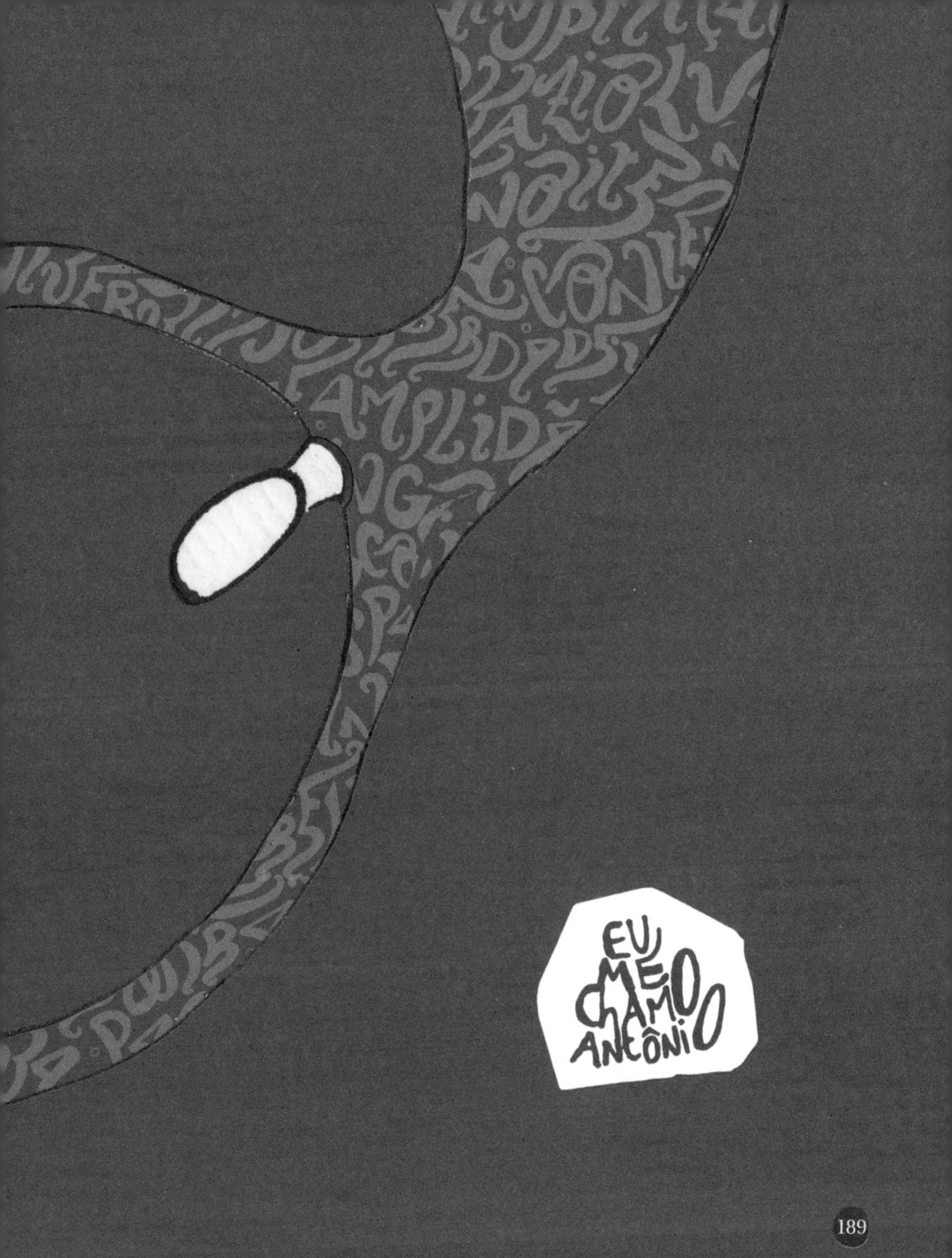
EU ME CHAMO ANTÔNIO

Antônio,

Antes de você abrir os olhos, alguns silêncios estavam atracados no caos do seu peito. As palavras são pequenas embarcações que tiveram a coragem de abandonar o cais desse coração para alcançar o céu da boca e desaguar no mundo. A língua é a última onda que elas precisam enfrentar. Os dentes são os últimos corais que elas precisam superar. Os lábios são os últimos arrecifes que elas precisam desafiar. Falar é um esforço imenso. Mas a recompensa de expor o que sentimos é enorme. Nada dói mais do que não dizer.

Antes de você abrir os olhos, os poemas mais bonitos se evaporaram na escuridão infinita — essa tela negra, sem moldura e inalcançável que é o nosso espaço — e entraram em órbita sem previsão de voltar para o descanso do seu universo. As estrelas precisaram se apagar e ficaram estáticas, isoladas, insólitas, como se admirassem algo mais brilhante do que elas: você sonhando, por exemplo.

Nunca acreditei na solidão desses olhos, que são dois. Eles não veem a responsabilidade que têm ao carregar você. Se um chora, o outro, mesmo sem saber falar, encontra as palavras de conforto que você tanto deseja e abafa o choro. Se um chora, o outro, mesmo sem mãos, sabe dar o afago que você tanto espera e apaga a lágrima. Só seus olhos entendem você. Eles não poderiam pertencer a nenhum outro rosto. Só eles podem contemplar o seu sono sem acordá-lo. Só eles podem observar os seus sonhos sem sumir de você. Só você pode fechá-los brutalmente quando o temor de afrontar a despedida de uma antiga paixão se aproxima. Só você pode abri-los delicadamente quando a necessidade de encarar a chegada de um novo amor se revela.

O desenho dos seus olhos se aproxima do formato de duas luas cheias: o símbolo da eternidade. Sim, a eternidade nasce e morre todos os dias em você. Duas luas negras vindas de galáxias que não existem mais ou que nunca existiram, mas que qualquer poeta criaria só para vê-las decorando o espaço vazio do infinito.

Dentro dessas luas — seus olhos — posso, enfim, observar todas as fases da sua tristeza. O início de um poema. O término de um romance. Ainda assim, esses olhos riem. Sabem que toda dor é momentânea. Nada machuca para sempre. Depois de um tempo, o incômodo que tanto sentimos passa a ser uma recordação que não nos faz mais chorar. Esquecer é quando a lembrança já não dói.

Posso também admirar todas as etapas da sua euforia. Quando a sua gargalhada escapa da traqueia, o canto dos olhos se dobra e forma pequenas rugas — pequenos caminhos. Esses atalhos são o destino dos que acreditam nos sonhos. Ser feliz deixa marcas, Antônio.

A FRAGILIDADE
GANHA FORÇA
QUANDO SE DESPEDAÇA.
AGORA SÃO MIL
PEDAÇOS PERDIDOS
TENTANDO
SE REERGUER
À FORÇA.

quebrei a timidez.
agora sou
milhões
de estilhaços
envergonhados.

x
y

Ilustre Poesia,

Você abriu os meus olhos. Fez com que a minha sensibilidade despertasse. Fez com que eu abandonasse a timidez e rompesse de vez os meus silêncios. Sempre tive a certeza de que, todo esse tempo, eu estava mergulhado em um sonho profundo, em busca de constante inspiração. Uma ausência momentânea, necessária e proposital para ir ao seu encontro.

Quando fechamos as pálpebras, nos vemos em um universo próprio, único. Revelamos os nossos mistérios mais escondidos. Elas são as nossas grades sensíveis. Elas nos desprendem da realidade e nos libertam para sonhar. Elas nos protegem da brutalidade do mundo com tanta delicadeza que dificilmente queremos acordar. Meus olhos vedados sempre foram uma fuga. Um esconderijo para que ninguém invadisse o meu espaço e descobrisse que sou incapaz de assumir as minhas fraquezas. Mas só a poesia não me bastava. Eu precisava de uma força externa capaz de fazer aflorar o acúmulo de palavras adormecidas dentro de mim. Precisava de alguém que se dedicasse a tirar do meu mundo as coisas mais bonitas, intensas, sinceras. Precisava escapar do meu limite.

Durante muito tempo, achei que não conseguiria sobreviver fora das margens deste guardanapo: as fronteiras do território da minha criatividade. Eu precisava de um nome, uma forma, um corpo, uma expressão. E não tinha nada disso. Até então, era simplesmente um pedaço de papel descartável. Se, naquele momento, me perguntassem qual seria a minha utilidade, provavelmente responderia que não sirvo para grande coisa além de limpar a boca ou as mãos sujas de gordura de algum cliente afobado. Rasgam-me quando cumpro meu objetivo. Ah, se soubessem quanto dói... Por sorte, os pingos de chope funcionam como gotas de algum anestésico. É um alívio imediato.

Quando dou sorte, sou lembrado para servir de descanso aos pincéis coloridos de um pintor inspirado ou para secar o bico manchado de tinta chinesa de um calígrafo contemporâneo. (As manchas pretas na minha pele branca dão um lindo contraste.) Como amo os artistas! Também me usam para esboçar canções que, um dia, tocarão no rádio. Mas elas — ingratas — nem sequer lembrarão que nasceram em mim. Ninguém nunca me olhou pensando que eu também poderia ter uma finalidade poética e não ser unicamente uma transição, um rascunho, um instrumento passageiro. Enfim, um lugar para despejar ideias embrionárias e não finalizadas. Ah, se soubessem que também sou capaz de lavar a alma das pessoas... Ah, se soubessem o bem que faz (a elas e a mim) escrever no meu corpo... Talvez o mundo tivesse mais poesia.

Já vi muitas histórias passarem pelo balcão do bar em que nasci. Porém, não dava ouvidos. Estava encolhido no meu universo, na minha tempestade. Achava que ninguém se interessaria pelas minhas ideias e, para falar a verdade, não tinha encontrado alguém que merecesse a minha sensibilidade. Eu me virava do avesso e vivia escondido na solidão do meu verso.

Só passei a existir quando um poeta desconhecido dedicou o seu tempo a me conhecer. Não sei seu nome. Poetas não precisam de nome. Poetas necessitam de coragem para traduzir os sentimentos, aproximar as sensações mais distantes ou ler a alma do outro (mesmo quando o outro não existe em forma de pessoa). Essa foi a primeira vez que me senti útil — quando essa alma sensível dedicou parte das suas noites a acompanhar a minha solidão. Talvez ele também estivesse sozinho e me usasse para esquecer alguma desilusão amorosa. Nunca perguntei. Não interessa.

Quando o conheci, ele escrevia desesperadamente noite e dia, dia e noite, tentando domar a angústia com a mão torcida e a caneta encostada na maciez de uma folha qualquer do seu caderninho de bolso. Uma hora aquelas páginas acabaram e ele finalmente começou a prestar atenção na pilha de guardanapos. Fazer alguém se sentir importante é a poesia mais bonita do mundo.

Para alcançar a realidade, precisei das mãos desse poeta desconhecido. Seus traços me deram vida. Eu disse tudo o que queria sem elevar a voz. E ele me entendeu como poucos — em silêncio.

A sensibilidade é realmente a linguagem dos que ousam sonhar. Ele percebeu que eu precisava de um rosto.

No começo, havia me desenhado de olhos fechados e cílios longos — exigência minha! Sou teimoso. Só aceitei sair do esconderijo — o verso do guardanapo — com algumas condições. Talvez assim eu pudesse viver mais o sonho ou ver menos a realidade. Talvez essa fosse uma forma poética (menos dolorida?) de não querer revelar se há alegria ou tristeza na minha expressão. Não me pareço com ninguém justamente para poder representar todo mundo. Os cílios compridos são caminhos líricos que tentam alcançar o destino das minhas palavras. Como se eles mergulhassem na gramatura desse mar branco para fisgar um ou outro sentimento à deriva. As letras mais confusas são palavras — ondas — que ainda não quebraram.

Como uma superfície tão fina e tão frágil pode esconder tantos mundos, tantos mares, tantos universos? É preciso usar os olhos da imaginação, interagir com a inconsciência, dialogar com o inexplicável. Lembra? Quem acredita só no que vê não dá espaço à própria poesia. Lembra? Foi você que me ensinou, minha Ilustre Poesia.

Por um tempo achei que eu fosse apenas esse par de olhos fechados. Sem tronco, sem mãos, sem pés, sem corpo nem coração. Minto. Sempre houve coração. Um coração vazado: um abismo no peito. No entanto, aos poucos, ele desenhou um tronco para eu poder me curvar diante do amor com mais facilidade. E me deu mãos para eu poder agarrar o mundo com mais coragem. Suas mãos são minha voz. A espessura do seu traço é o que diferencia o meu grito do meu silêncio. E ele rabiscou meus pés para que eu também pudesse fugir quando sentisse medo. E inventou um nome para que as pessoas pudessem me conhecer. Eu me chamo Antônio. Eu me chamo Antônio. Eu me chamo Antônio.

Eu me chamo Antônio, mas poderia me chamar Esperança. Eu me chamo Antônio, mas poderia me chamar Ausência. Eu me chamo Antônio, mas poderia me chamar Saudade. Coragem. Amor. Distância. Qualquer sentimento que tenha força para libertar minha poesia. Cada guardanapo é um porto para minhas palavras. Cada guardanapo é um retrato para os meus silêncios. Na fragilidade da minha pele, qualquer delicadeza deixa marcas. As manchas de nanquim são sardas, pontos-finais de versos que nunca comecei. Desculpe-me por escrever fora do meu corpo. Algumas palavras simplesmente não cabem mais em guardanapos.

ANTÔNIO

Quem acredita só no que vê não dá espaço para a sua Ilustre Poesia.

SUMÁRIO

Apresentação do personagem

[1]Em francês, *rêver* é sonhar. (N. do E.)

31 Me desfaço na sombra de um grafite sem ponta
32 Aponto meu rumo e de lá me aprumo
33 Eu não traço o destino é ele quem traz
34 Sentido/ Delito/ Alívio/ Conflito/ Vazio/ Início
35 Saudade/ Amor/ Tempo/ Dor/ Cheio/ Final
36 e 37 No verso, eu existo.

Parte I
À espera de uma colisão

38 e 39 Labirinto Infinito.
46 Quando escrevo anoitece em mim.
47 O poeta é um tremendo filho da Lua.
52 Sem gravidade, ocupamos o mesmo espaço.
55 Eu sou, tu és, nós sonhos.
56 e 57 Você é realmente um sonho. Sempre termina na melhor parte.
59 Você me é tão inútil quanto o ar.
63 A noite só cai quando se levanta.
64 O diálogo [dia logo] se põe.
65 Por culpa da palavra o silêncio me condena.
68 Precisamos da chuva para lembrar que não estamos sós.
70 Coragem.

71 Não espere a chuva passar. Ela pode levar a sua coragem.

73 Entretanto, entre tantos, escolhi o seu pranto para secar.

74 Quando a saudade se desprende das nuvens, por que tu não vens me abrigar?

76 e 77 Gota a gota, a lágrima também se esgota.

79 Até uma queda pode ser livre.

80 Queda, o que dá ascensão.

84 e 85 Silêncio afaga.

86 A fala está fora de silêncio.

87 A meu ver o teu verso só cega o meu.

88 Pensamento solto por tudo o que me prende.

92 e 93 Alguns espaços separam palavras. Outros unem versos.

Parte II
A força de um nó frágil

96 e 97 Imensidão/ Mergulho/ Vasto/ Contemplar/ Afago/ Infinito/ Mar/ Afoga/ Destino/ Onda.

104 Liberdade.

105 Liberdade.

106 Amor: o que digo.

107 Amar: o que sinto.

108 e 109 Um dia teremos um lar. Você quer demorar comigo?

110 e 111 Tudo é raso quando a gente não vai a fundo.

112 e 113 Às vezes, a gente encontra o amor-próprio no próprio amor do outro.

115 Toda alma almeja atracar em um corpo seguro.

116 e 117 O amor tem sido temido e tem ido.

118 E tem ido, e tem ido, e tem ido temido.

119 O caos precisa de cais.

121 Quando cais, o mar te levanta.

122 e 123 Saudade.

124 e 125 Ausência.

128 e 129 Afoga a fala.

131 Se a saudade bater, a melhor defesa é atracá-la de volta.

132 e 133 Sem ti, saudade.

135 Sua falta me excede.

144 Num mundo doente toda poesia é bem vida.

145 Amor: ponto seguro de um nó frágil.

147 Faltam poucos nós para sermos muito nós.

148 e 149 Sumiu: se uniu ao esquecimento.

150 Amores vãos precisam ir.

151 Amores sãos precisam vir.

154 e 155 Sou o que sei, sei lá o que sou.

156 e 157 Breve/ Bravo.

158 Perco sentido quando meu coração vai sentindo a sua volta.

159 Por ti, parti.

160 Alma/ Brisa.

161 Corpo/ Brasa.

Parte III
O destino das palavras

164 Interno/ Rever/ Efêmero/ Tempo/ Silêncio.

165 Eterno/ Romper/ Palavra/ Timidez/ Poesia.

168 Escritos são ex-gritos.

169 Essas palavras ao vento um dia estavam aqui dentro.

170 O que o vento leva, eu reinvento de volta.

171 Ir pro teu colo — protocolo para ficar.

172 e 173 O silêncio afoga a fala. A fala afaga o silêncio.

175 Achei que os seus olhos fossem grandes.

176 e 177 Mas a grandeza estava no amor que eu enxergava neles. As coisas são na ilusão.

178 Por dentro, a gente fora feliz.

179 Fui feliz sem precisar voltar.

180 O silêncio é danado. Ele só chega quando vai embora.

181 Silêncio.

182 Serei sucinto: só sinto quando estou sem ti. (Minto!)

183 Se me largar, farei algo similar.

184 Estimulado por não estar mais ao lado seu. Estimo o lado de lá como sendo o meu.

185 Estimulado por não estar mais ao lado seu. Estimo o lado de lá como sendo o meu.

187 O caminho do outro não precisa ser um outro caminho.

195 A fragilidade ganha força quando se despedaça. Agora são mil pedaços perdidos tentando se reerguer à força.

196 Quebrei a timidez. Agora sou milhões de estilhaços envergonhados.

198 Feito de feito.

199 Feito defeito.

AGRADECIMENTOS

Eu me chamo Antônio é uma história que teve início no balcão de um bar e, logo depois, foi parar na internet e, mais adiante, continuou nas prateleiras das livrarias. Mas ela é, essencialmente, uma ideia que escapou do meu peito e encontrou o coração das pessoas que se dedicam a querer enxergar a beleza dos versos e dos traços além do limite do guardanapo. Uma ideia que encantou a alma das pessoas que entendem que cada criação é infinita. Uma ideia que condensa em si a coragem de quem contempla o mundo com os olhos da imaginação.

Muito obrigado a você que me acompanha pelas redes sociais, através de conexões virtuais ou reais. Aos amigos e às amigas que fiz nessa caminhada literária. Aos amigos e às amigas de sempre. Aos meus pais, às minhas irmãs, à minha família. Todos e todas que, de alguma forma, fizeram despertar o meu lado mais criativo e mais sensível. Muito obrigado à Intrínseca, por acreditar no meu personagem desde o primeiro guardanapo.

Todo livro é uma tentativa. Este não seria diferente. Continuarei tentando enquanto sentir verdade nas minhas palavras, nos meus desenhos. Este não é um livro de amor, mas é o primeiro livro que escrevo com a certeza de ter encontrado esse sentimento.

Obrigado, *Michele*, por ser meu traço,
meu verso. Enfim, minha Ilustre Poesia.

NOTAS DO AUTOR

Ilustre Poesia marca uma ruptura delicada. É uma narrativa que se distancia dos dois primeiros livros, mas que mantém um forte elo criativo com o universo do personagem Antônio. Afinal, é impossível fugir completamente daquilo que somos. Mas podemos — e devemos! — sempre encontrar outros caminhos dentro da nossa sensibilidade. Sem precisar ferir nossa essência.

Ilustre Poesia fecha um ciclo de três livros que começou a ser desenhado no final de 2012. Livros que me fizeram acreditar que era possível viver daquilo que amo: desenhar e escrever. Cada livro retrata um momento. O primeiro *Eu me chamo Antônio* foi marcado pela minha insegurança, um medo danado de não dar certo. O *Segundo* já demonstrava uma vontade — mesmo que tímida — de libertar as palavras para além das fronteiras dos guardanapos. Agora, com esta terceira publicação, dou mais um passo em direção à promessa do romance — como anuncia a descrição dessa ideia desde que foi criada: *Antônio é um personagem de um romance que está sendo escrito, vivido.*

CAPA E PROJETO GRÁFICO
Jan Felipe Beer

ILUSTRAÇÕES DE CAPA
Pedro Gabriel

PREPARAÇÃO
Kathia Ferreira

REPRODUÇÃO FOTOGRÁFICA
Thales Leite

DIGITALIZAÇÃO DE IMAGENS
ô de casa

FOTO DO AUTOR
Leo Aversa

REVISÃO
Tamara Sender

CIP-BRASIL. CATALOGAÇÃO NA FONTE
SINDICATO NACIONAL DOS EDITORES DE LIVROS, RJ

G117i

Gabriel, Pedro

Ilustre Poesia: eu me chamo Antônio / Pedro Gabriel. – 1ª ed. - Rio de Janeiro: Intrínseca, 2016: il.

ISBN 978-85-510-0062-5

1. Poesia brasileira. I. Título.

16-34382

CDD: 869.8
CDU: 821.134.3(81)-8

[2016]

Rua Marquês de São Vicente, 99, 3º andar
22451-041 – Gávea
Rio de Janeiro– RJ
Tel./Fax: (21) 3206-7400
www.intrinseca.com.br

1ª edição AGOSTO DE 2016
impressão GEOGRÁFICA
papel de miolo ALTA ALVURA ALCALINO 120G/M²
papel de capa CARTÃO SUPREMO ALTA ALVURA 250G/M²
tipografia UTOPIA